AF276336

PALPITACIÓN DE INCIERTO

PALPITACIÓN DE INCIERTO

Hugo Ernesto Hernández Carrasco

Valparaíso
EDICIONES

Número 431 de la Colección VALPARAÍSO DE POESÍA
dirigida por FEDERICO DÍAZ-GRANADOS

Diseño y maquetación: Chari Nogales
www.charinogales.com @chari_nogales
Imagen de portada: *Nostalgia antigua*, René Padilla Quiroz

Primera edición: septiembre de 2024

© De los poemas: Hugo Ernesto Hernández Carrasco

© Valparaíso Ediciones

C/ Fray Leopoldo, 7 Bajo 18014 Granada
www.valparaisoediciones.es

ISBN: 978-84-10073-70-8
Depósito Legal: GR 1246-2024

Impreso en España - *Printed in Spain*
Gráficas Gami

A mis padres Juan Ernesto y María Isabel
A mi hermana Jennifer
A los Castro Lara
Por el inolvidable viaje de ser familia

COTIDIANIDADES

ANTEMATINA

Hay una luz que nace en el centro de la espera
una claridad que desvanece
la ambigua muerte temporal de los sentidos
una pausa de jade
rayos de sol entre mis manos
un domingo de luna adormecida
donde me acuesto y abrazo el sentir impersonal del aire

Habito la espera

y mi instinto descansa en un mar de olas transparentes
entre la dulce caída de los minutos por el filamento de
mi rostro.
Estos sueños se tejen
bajo el silencio de un baño de cálida menta
bajo la suspensión del curso de las cosas
que no es una retirada sino una vacía dialéctica del tiempo
y mi cuerpo, lleno de cicatrices
reposa fuera del exudado vientre de la angustia
exilia los minutos ante una claridad que les marchita
culmina así antes de lo previsto este sagrado día de descanso
Pues hay un lunes
aguardando entre sus fauces una rutina que me atrae
con su brillo
Un día que a pesar de cíclico
es una oscura palpitación de incierto
Que devora esta larga orilla de sal
Que revive los olores del vigoroso giro terrestre

(que ante el sol no es más que ungüento saliva aurea)
Comprendo así
que la vuelta de las semanas, será hasta mi muerte
una
liviana
cercanía
domesticada
entre las cuerdas caprichosas del entorno
y el Tiempo, ese filamento de inercia marcial
con toda su potencia, se volverá recuerdo
y yo, he de intentar capturarle en un epitafio que rece:
¿Quién te condenó a un poema, a este disecado lienzo
de uniforme espectración, a esta magna decadencia
disfrazada de sonidos?

DULCEMATINA

Para Elo

Una espalda de aves blancas abandona el sueño
migra a otros valles de manos espesas
la habitación se revuelve en la mirada
y el alba amanece tu sonrisa que silueta el horizonte
hay una ventana donde se asoma un cielo tímido
nos regala nubes
que pausan
    vuelan
       colorean
  un trozo cálido del universo
merodea el aire que busca su forma en el árbol
el sonido de las hojas inunda los ruidos
y su eco es una frágil presencia de invisible sombra
hay luz
   hay contraste
      hay formas de murmullo oleaje
      y espuma silencio
anhelos de sonido que las aves interrumpen con su
canto.

ZÉNIT

Observo
un conjunto nítido de perfectos desconocidos
un siglo azul les atraviesa la espalda
su caminar se llena de trazos de colores que visten la mañana;
hay una ciudad de dulces pergaminos que se perderán
bajo la arena
llena de fantasmas espectrales que no saben que volverán
bajo otra forma
extraños coincidentes en el seno de casitas donde resisten
y tejen ilusiones
que son, que se asemejan, a una langosta aferrándose a la
hoja del almendro
a una huella futura que se abre paso entre los siglos
enterrados bajo el concreto de calles numeradas

El tiempo es, una espada
que deja cicatrices en el aire

Las paredes son
deltas fluviales de historias (vectores)
y las puertas, ventanales
miradas a la espera de la arruga
sonrisas que se volverán ausencias
sonidos escriturados en el reverso de una foto.

El tiempo es /un ave esculpida en la mejilla de la piedra/ una
brisa lijando los sonidos en la arena/ un péndulo colgando en el
reverso de los ojos.
Al caminar observo dos manos que se estrechan

14

dos manos que detienen el mundo
es una pausa frágil e ilusoria
en un planeta vigoroso cuyo equilibrio depende
    del vuelo de la abeja;
pronto serán un fin del mundo humedecido entre las
piernas
un aliento giratorio que se volverá atmósfera.
No saben que enfrentarán tarde o temprano al vacío por
las venas del espejo
los años les crecerán a cuestas entre flores
y esa oscuridad no será un abismo
pero sí, una larga sombra buscando sus siluetas.
Pronto su recuerdo se volverá un bosque de palabras
invisibles, serán un camino silenciado sobre la cresta de
las olas razonadas
y una luna pequeña aparecerá entre las nubes /pacientes/
pasiva/ la tarde será el acecho silencioso de la noche
y el arcoíris, el último aliento de la lluvia.

El tiempo,
incendia el presente,
concibe un imperio humeante
repetido
sobre la espalda de la imaginación
no es redención ni escape
el tiempo es
una potencia que desciende
al color uniforme del olvido.

VÍSPERAS

A los lugares que me habitan (Puebla, Mérida, Juchitán, Buenos Aires)

SEDIMENTO ILUSTRE

Acrisolada noosfera
fauce invisible (nauseabunda)
ensaliva la frente de tu atardecer una lengua de
    ambulancias
herida civilizada entre el No lugar
¿Qué clase de gangrena te mantiene viva?
Ciudad, la lluvia no cae, estira los brazos
es la madre hambreada dando pecho
besos debilitados que se evaporan en las coladeras
Ciudad, la atmósfera es un imán que no descansa
un pez fuera del estanque que trabuca el año entre sus
    branquias
ahí van *marzoctubre* amaneciendo el mismo día
grados centígrados que son Caín y Abel
Ciudad, para volvernos un estrato —inmortalidad
    sedimentada—
hace falta algo más que asolar la tierra
(la coherencia destructiva solo es virtud de los volcanes)
no somos el terremoto geológico antropoceno
si acaso un horizonte argílico de arcilla blanca concreto
una breve tregua elíptica que escarba la danza rota del
    hierro y del azufre;
Edad de los Polímeros, roca madre que será de plástico
¿Qué fósil infranqueable perdurará nuestra existencia?

VÍSPERAS

Aquí peligra bajo esta ciudad de mierda (metafórica) el holometábolo que retorna el fénix de la especie. Ya no hay capullos ni lepidópteros entre las ramas. Ahí donde aguardan pacientes la reencarnación, ya no se reconstruye el tiempo.

Sabrán que la destrucción se manifiesta entre los niños que juegan a ser dios sobre el crujido de las alas. Banquete/nutriente reciclado/vector polinizante, ¿qué Dios vela por ustedes?, ¿qué paraíso les aguarda cuando acaben de limpiar los restos de los días?

Yo le pregunto entre sueños a la abeja, ¿quién guardará luto cuando tu zumbido no afile el viento? Casi vivos/casi muertos/ en permanente huida, como si escaparan del quisquilloso brillo del destino, deambulan en soledad por los tallos, las casas y las orillas de los ríos.

Gotas de biomasa de una cadena alimenticia, que no es otra cosa que una casta, ¿qué esperan para rebelarse?, ¿qué hacen cargando el equilibrio del mundo, junto a una pared?

Saltan por su vida entre los sacramentos del espacio, cantan mientras una guerra se fragua en las entrañas del reino diminuto. Ahí van formando universos en cualquier rincón del hogar, cargando veinte veces las migajas de los mundos.

Su inocencia es un metal incandescente que lacera tantas noches estrelladas. Las recuerdo caminando entre las esquirlas de planetas, sacrificando su finitud para estrechar mi mano.

20

Madre insecto ¿Cómo sabré si la desesperación tiene sílabas en el centro del zumbido?, ¿quién reclamará para ustedes un mundo propio?

No alcanzará la imaginación a dibujar la desgracia de su ausencia.

REFUGIO

I

Terreno baldío
las raíces buscan cobijo al fondo del rectángulo
hacia el lugar que imaginamos inframundo;
entre las piedras (esa una otra ancianidad)
crece la hierba /esa que llaman mala/ esa que es la trinchera
de la vida.

II

Toda hoja de árbol —que dibuja el viento—
es una espalda que camufla el otoño
un aleteo prematuro que embebe el rocío
un oasis que fenece,
un crujido destilando los mensajes.

III

Cuando la vida rebosa en el baldío y los brazos y las
maquinas no pueden amputar su vibrante biocenosis,
ondea en forma de esperanza humana el glifosato; la
muerte masiva se vuelve el cimiento de un biotopo
(decretado) que tendrá forma de edificio. Arrancamos
así, campos y árboles en nombre de un fraccionamiento
que llamaremos bosque, lomas o valle. Cautivos en este
planeta —refugio— me pregunto: ¿Seremos también un
terreno baldío para el cosmos?

SIMBIOSIS NECESARIA

En mi cabeza perdura la hierba entrecana donde cada
verano las aves llegan a erigir su nido, donde la edad es
una bruma que se desvanece entre sus cantos.
Del plañido llanto de mi rostro se desprenden
luciérnagas que colorean entre el nocturno, el dolor que
me desborda; llegada el alba, el colibrí bebe el llanto
que gotea en mis pestañas.
Las abejas tejen su colonia en los bordes oblicuos de mi
oreja, donde la melodía es un vórtice de miel. Entre mis
fosas nasales crece un musgo discreto que se extiende
sobre la piel de mi sonrisa.
Brotan en mis cuerdas campanulas y asteráceas,
ahí donde mi aliento es un perfume de hierbas
fluorescentes, el mosquito pone huevecillos debajo
de mi lengua.
Entre las encías van los pulmonados construyendo su
caparazón; en mi boca, cada año es primavera.
Mis dedos son fásmidos que me hermanan con la flora;
al medio día, la fotosíntesis se extiende entre mis uñas
y cualquier jardín es mi habitación.
En la cavidad de mi axila una araña teje su hogar,
invernal cosquilleo zigzagueante donde el tiempo es un
octágono de seda.
Matriarcan mi pecho los gusanos, ahí donde la muerte
—antaño— sinonimia, la vida recupera mis entrañas.
Siento por la noche el abrazo de la enredadera que brota
de mi ombligo, guía escandente que acompaña
 la existencia.

23

Devoran la pesadumbre de las cervicales los escarabajos
que vertebran mi columna, mi espalda conoce el vuelo
pendular en los veranos.
Al final de mi vientre, el placer es una rúmex crispada
que nunca muere, que desborda mi pulsión.
Un par de hormigueros corchan las rodillas
devanan mis piernas los saltamontes: puedo sentir lunas
orbitando entre mis piernas.
Tengo pies circundados por artrópodos que me ayudan
a caminar sin dolor entre las piedras.
De noche mientras duermo entre el baldío, sueño que
permanezco para siempre, me perturba una pesadilla:
la de volverme un ángel caído rebelado contra la
naturaleza creadora.

(EX)CÉNTRICA

Deambulo en la cercanías de tu anquilosada nostalgia
que cada noche retorna a los vidrios de crisol inercia
abismo inicial del valle
tu metáfora desvaneciente
conserva las sombras sin nube de los últimos árboles
te hallo insepulcra/herida con derecho a la *saudade*
/falso ojo de huracán/falso círculo
vuelo hacia tus manos de frutos secos
en busca de respuestas que el resto de la ciudad enmudece.
Descalza caminas nuestras pugnas de escama, odio y losas
furia de cirios
puño de cuadrantes que trazan ángulos al cielo
soy tuyo,
envuelto en tu ciclo que remite a la soledad
que vuelve al tiempo vapor ex nihilo;
me cobijo en tus paredes que convierten
en olvido las montañas
mientras me absorbes detrás de los húmedos garabatos
ahí, donde se halla la tarde que exuda tus colores
detrás de la procesión de ecos que llena
de tiempo tu Memoria
ahí, donde emerge la lenta luna que todos
imaginamos en el cielo.

CIUDAD INADVERTIDA

Hay una Realidad inaprensible
su distancia se abre paso en curva
el Atrás se tapa los ojos y envejece
su escape me desplaza entre colores y ausencias
la Realidad es un planeta girando alrededor de la memoria
y la Verdad, un cúmulo de estrellas muertas
una constelación llamada *recuerdo*.
Aletea el sol y cuelga de la nube una sombra
que se divierte a su paso
El viento mece cabellos y hojas, traduciendo el sonido
de las tardes,
el calor formula su poema de salitre
previo a la noche la luna no es la luna,
es apenas un boceto silencioso
la tarde es un vestigio de sombras en
esta ciudad signo de cuadro
aquí donde vivir parece posible
aquí donde la realidad nos esculpe
con el gris aroma del tiempo
y la calle, esa línea recta pronto abandonada
nos dibuja sobre el lienzo de esta soledad pulso metálico
¿Qué sería de nosotros sin el cielo?
ciudad canto de motor
ilusoria pared de agua dulce
brillo tembloroso que aletea entre miradas;
cuando añore volver a cualquier momento
tomaré los ecos que descansan en mis brazos
los arrojaré a la esquina colisión del verbo

26

y me habitarás, ciudad, al llegar cada tarde
aunque cambies con la espuma oleaje de la Historia
Sepulcro de luces lunares
se desvanece en las paredes un árbol de milagrosa paciencia
la tarde es una ciénega traslúcida donde el brillo vacilante
de la estrella revive la lucha de contrarios
basta que llegue la noche, dirigir la mirada hacia arriba,
a donde se proyecta la distancia irrevocable, en donde
todos los tiempos de mi tiempo se resumen bajo la pausa
de este cielo estrellado que pule el brillo de mis ojos.
Camino con mi piel besada por la luna y el color de la
tristeza se refleja en el charco de cuatro minutos de una
melodía delirante. La respiración emerge tímida frente la
honda noche, aprehensible en la temblorosa soledad de
mi costilla;
al acostarme, murmullo:
Sueño
sábila nocturna
duerme en mí
reposa mientras huyes de esta urbe que intenta devorarte.

PUERTO CUALQUIERA

RECUERDOS DE PUERTO CUALQUIERA

A Juan Ernesto y María Isabel, por hacernos disfrutar a
Jennifer y a mí, la brisa del Golfo de México.

I

El «Recuerdo» es un jarrón de barro dispersado por la
casa. Las astillas se esconden debajo del tiempo, que añejo
se vuelve aroma —arcilla—.
No somos inocentes, pero recordamos la inocencia
(esa que desatina profecías cuya espera es un presente
suspendido) anamnesis /reconstruida/deforme/se resiste/.

II

«Recuerdo» ataraxia luminosa, espada atravesando
mis pulmones. Juega tu punta afilada con uno que otro
suspiro, mientras, hay un parto en mis adentros, un
niño que se vuelve adulto me dice: esos tiempos que ves,
pertenecen a la década de los perdidos, de los ilusos,
que pensábamos que el Sol estaría siempre persiguiendo
nuestra sombra. Fueron los últimos juegos de la vida que
no sabíamos vida, la última quietud previa a la tormenta
de los muros, a la convulsa naturaleza de la Historia.

31

III

Los sonidos van empujándose unos a otros; se desdibujan entre el ventilador y los mosquiteros. La puerta choca punta a punta contra el marco, el resplandor del volumen se azota hasta perderse.

Hay un sillón de madera, herencia de los padres sobre el que se mecen los crujidos que acompañan al viento. Cualquier caminante siente que la brisa no le exige atención alguna, todo en el Puerto es ligero al caer la noche.

IV

El ritmo de los días es apenas un soplo sobre mis cabellos sueltos, observo las palmeras alineadas frente a transeúntes que arrojan granizos, gárgaras, orines, rumores de fábricas que cierran, sonidos que se extinguen, últimos gritos de una Era que anuncia plásticos y baratijas. Las fachadas, los muros, piedras sin color —vertebradas— atestiguan cómo se desvanece el barrido de los abuelos al pie de la banqueta, cómo se desvanece su leyenda silenciosa, cultivada entre vasijas, ropas y fotos, entre el eco luminoso de una veladora sobre el pequeño altar.

V

Bajo la quietud de la tarde, el agua que hierve desata una tormenta en esa breve cavidad. Su ebullición desbarata mis ojos que se asoman a la olla de café —bostezos— focos prendidos que son caricaturas del sol. Espero el pan a la mesa, la llegada del sueño y el despertar hacia una larga marcha, hacia un sitio que no existe, hacia un Nuevo Mundo

mientras mi sencilla figura se desdibuja de este cuadro
pintado sobre el ocaso de los días que han sido
felices /trágicos /expectativa horas sin Cristo en aquel
Gólgota frente al mar.

VI

Observo el sol ocultándose de frente.
Ignoro la luna ese otro horizonte que nace a mis espaldas.
Puedo sentir el ocaso mordiendo las líneas de mi cuerpo,
la calma claridad, la arena en mis pies, la Sal en la Lengua.
El calor es una tarde danzando sobre mi piel.
Mañana estos ojos entreabiertos acariciarán la fuga de la
estrella solar ya no dibujada sobre los sitios que los poetas
antes de mí volvieron refugio común. No será sobre la
arena ni las olas, ya las golondrinas fueron convocadas a
volar cientos de veces sobre páginas que frágiles, de una
en una, se volvieron danza, trova y libro.

VII

Permaneceré aquí, con mi cúmulo de instintos mediados
por la carne, la cruz, la muerte, porque en mis adentros
siempre se avecina Un Fin del Mundo.
Bajo la hosca luz (esa que se parece al silencio) un ojo
de huracán pregunta a mis espaldas si soy un árbol, si
soy el árbol resistiendo sobre esta Ciudad que nadie
fundó, sobre esta Ciudad que es en cambio, un naufragio
perpetuo a la orilla del mar.

VIII

Me aferro a las palabras intentando hablar como cualquier día, suplico al pasar mis dedos por este malecón, que los colores sigan adornando la tarde, que las formas de la nube quiebren el manto uniforme de la noche. Invoco en este puerto una canción que nunca nadie llega a escuchar, el único futuro, la única certeza es no permanecer.

IX

Sé que la travesía sin retorno me volverá un anónimo, un desconocido. Seré un turista más caminando sobre el lomo de la sombra construida por los árboles que antaño extendieron sus ramas buscando al sol. Ya no podré contemplar ese mundo de huipiles deshilados, ya no observaré el cielo entre los cables.

Las horas se diluirán en este doble viaje (volver a /Ser/ volver a /recordar/).

LA MAR FRENTE AL PUERTO

I

Hay una bahía olor a sal tejida sobre la arena
donde los peces retraen su comparsa
aún recogen el color humeante de las angustias
que sobre el puerto mastican puro por puro los abuelos.

II

Los peces avanzan y se retraen
captan bajo el muelle
la luz oxidada de las cuentas, contenedores y válvulas
/anclas/ que levantan polvos submarinos.

III

Los peces avanzan y se retraen
sobre la orilla —confín de su mundo—
bailan una danza mortal con la mano de un niño
que apenas conoce la arena.

IV

Mar /deidad salada/ origen de la vida
caprichosa alegría transparente
pronto alcanzará el vahído de tus olas las copas de este
puerto
tus peces nadarán con furia por las calles (futuros
arrecifes)

¿devolverás el plástico a esta tregua olvidada
que llamamos tierra firme?

INTRODUCCIÓN A LA ARENA

La arena es un león dormido
no esperes que te defienda de las olas
su rugido es una polvareda que muerde pantorrillas
       y antebrazos.
Después de acostumbrarte a su olor salado,
       sentirás al mimarle
que su pelo se te va entre las manos
podrás construir castillos en sus fauces
y al escarbar sus dientes
encontrarás el tiempo calcificado entre conchas y
caracoles
todo
mientras dibuja la huella de tus pies con su lamido
quienes corrimos de su orilla
sabemos (por los ojos)
lo que duele despedirle
lo que ilusiona extrañarle.

A Julia, Kevin y Evelyn (diciembre de 2018)

37

IM(PERTINENCIAS)

LA TRIADA

Para Carlos Alejandro

CUANDO MENTIMOS

Somos
manantiales
caminando sobre
puentes colgantes de papel

CUANDO ENOJAMOS

La miel del enjambre que anidaba en nuestro pecho
ha sido robada
el estómago resiente
el revoloteo de las abejas que se van
buscando al ladrón.
Algunas, quedan atrapadas en los puños
                          algunas en las piernas
unas cuantas vuelan por la boca
no sin antes, aguijonear la lengua
las últimas,
se agolpan en la cabeza
ideando la venganza.
Todas se olvidaron de la miel.

CUANDO PRESUMIMOS

Hemos de probar a nuestro su paso
que sabemos gritar

                              la seda que se guarda en el baúl
                              la constelación
que por
azar
presagio
o
esfuerzo
        capturamos
                              no sin antes recordar
al ciego su condición
al ladrón su posibilidad.

ALGO-RITMO

Queda resistir nuestra imperfección   12
guardar unos cuantos errores   11
ante quienes afirman   10
que somos tendencias;   9
buscando incesantes   8
no Ser   7
una estadística   6
sin réplica   5
algoritmo   4
exactitud   3
cifra   2
simplificada   1
Númer 0

SIN DESEO ALGUNO

Me gusta espiar de lejos el trazo de tus formas
contemplar cómo la luz se posa sobre tu cabeza,
como un águila (a veces como un cuervo)
me gustas, solo eso
donde no me envuelvan los ecos que esculpen tus sitios
ni nos perturbe lo que sea que tengamos en común
me gustas,
en esos lugares que te habitan,
en la historia de seis segundos,
en la foto, en el audio impersonal
me gustas, así,   de lejos
cuando observa tu mirada otras calles
y tu dedo apunta hacia aquel lugar extraño de fríos vientos
                                                    indiferente
diluyendo tu presencia,
volviéndote apenas un muro que calienta el aire
                                                    sotavento.

¿QUÉ FUI?

Obsérvame debajo del sol
No soy una sombra
Soy un viento cansado
Tengo el azul de la luna envolviendo mi esperanza
Observa mis manos que trabajan
Que dinamitan los miedos

Tengo la mirada sujeta en el mediato menguante de las
circunstancias
Tengo el brillo del sol haciendo grietas en mi espera
Camino en el delgado limbo de las primaveras
Donde florece el No con la fuerza inaudita de tu mirada
que late en el centro de un olvido que no llega

ese beso inexistente que magnifica la soledad
condensado en mi saliva;
esos, los ojos tuyos que guardé para el invierno
esos tus recuerdos que llenan de nubes mi garganta
esa cicatriz en mi voz que abrió el deseo.

Nunca mi nombre pudo amanecer contigo
nunca fui un verano en tu boca,
tu marcha de silencios disolvió los trazos de lo que pudo
ser nuestra ciudad íntima
nunca entendí que te iluminé apenas como un
relámpago enmudecido
que yo, era una palabra vacía.

Alguna vez me llamaste por mi nombre
pero mi nombre fue un *pero*
mi nombre fue un *poco*
mi nombre fue un *no*
mi nombre fue un *no sé*
mi nombre fue ni siquiera una posibilidad
mi nombre no existió para ti, salvo para nombrarme
mi nombre fue apenas una amorfa silueta derretida
entre los muros de la noche
un pequeño artificio de luces viajando por la mitad de
una órbita
que solo yo pretendí real
que solo yo supe ilusoria.

UNA VOCAL QUE TE LIBERE

Para Yolocihuatl Fersado

Acostémonos sobre las hojas secas mientras ves al cielo, ¿escuchas eso? es el crujido café de bocas que languidecen, cerca están ellas de su ocaso, no quedarán cenizas sino a lo mucho, su anécdota.

No hagas caso de su rabia; la vida es corta, tomémonos de la mano. Mañana al amanecer, el mundo se vestirá distinto. Permanece conmigo, que estoy cansad... de masticar vocales, de sanarme las heridas que abre la palabra. Te juro que no habrá letra definitoria castigando tu belleza. Escúchame (te escucharé, lo prometo), invent(h) aremos para nos/otrxs un nuevo alfabeto, colocaremos letras, palabras que permanezcan en los labios, hasta llenar de insomnio el aliento, hasta dibujar en tu grito otro cielo que no sea ni azul, ni blanco ni gris, ni nada que permita definirlo (¡qué van a saber 27 letras y 5 dígrafos!).

Sacaré de tus manos las astillas que deja la madera petrificada de la tradición, y cuando llegue la noche, calentaremos las vocales hasta fundirlas, especialmente la O que cargas en tu cuello.

Ven, no tardes, que el mundo nos dará tregua; no habrá ruidos externos ni sobresaltos, solo la repetición ondulatoria de la vida, una cotidianidad sin extremos para ti y para mí. Arranquemos la seda espinosa del vestido que no deja contemplarte. Desbaratemos las máscaras y los lunares.

Forjemos una Lengua que no tema a quien exista.

47

YANGA DE MÉXICO (1570)

I

Otredad —orla— revelada
las espinas de los peces consuelan tu lengua
Susurran en tus entrañas lo que hay del Otro Lado
quizá el Océano interrumpido de tu canto
el resabio de tus pesadillas —lagaña—
acompaña tus pasos sobre la orilla atlántica de la América
a donde llegan los gritos de otros siglos
los llantos que navegan desde el Sahara y las Guineas
Diseminados entre el Caribe, Mar del Plata y las Carolinas.
El Atlántico es,
año
tras lustro
tras década
un estanque soterrado de lágrimas ahogadas.

II

Surge en la discreta línea de la arena
un fermento que cuaja entre las olas y la espuma
(indistinta, olvidada)
la mar olfatea tus lágrimas de sal,
cuando a su orilla llegan los r e s t o s de lo s   s u e ñ o s
mecidos entre el sargazo y las botellas.

48

III

Cada mañana al partir
vuelven las penas a orbitar tu espalda
los resabios de una pesadilla te rondan el paladar
hace años que las anacondas llegaron a tu casa
anidando gritos en la puerta;
la tristeza de tus hijas tienen desde entonces
forma de huevo de serpiente
sus infancias deambulan entre palabras azarosas
y extraños mandamientos.

IV

Tú caminas sobre los besos de Iscariote
en esa orilla que decreta finales y comienzos
¿cuántas veces atestiguó tu sangre el final y el inicio de
los mundos?
Tu cuerpo, sábana limpia en la que sangran
uno
a
uno
los encuentros
los exilios
las tragedias;
los gritos que murmuran
que por la mar también huyó Quetzalcóatl.

V

Tu cuerpo es el detrito de cadenas, flechas y arpas
tu cuerpo guarda la potencia de trece vuelos
hacia el centro del universo;
bajo tus rizos
bajo tus pasos presurosos
la suerte tiene esa historia irresuelta
tu cuerpo/lleva la sangre/el pulso,
el choque tectónico de tres mundos.

VI

En el baño de las ciénagas
el llanto se mantiene en cautiverio
donde la vida cobra extática violencia
(Entre la sal, el lamento es una fiera domesticada).
Sabes, con el valor de quien ha perdido su rincón en el
mundo
que al marcharte vas rumbo al encuentro con la Nada
invencible
frente a ella
            tú, frágil
la pintarás con los colores de tu aliento.

VII

Sientes entre la delgada línea que separa los minutos
a tu madre acariciar de nuevo tus cabellos,
hueles los dulces de fruta y la leche evaporada;
en el estero circundante, como cada noche
el maíz friéndose te devuelve por breve instante la
inocencia.

VIII

Hipóstasis
mónada de historias sin derecho a la nostalgia
qué habilidad la suya de ser acto y potencia
vagando entre el *Ex nihilo* mientras cargas
las hojas de los árboles;
(habrás de gritar hasta que el viento exude tu nombre)
torcerás el cuello del Destino —légamo—
con la furia de los dientes
algún día podrás llamarle amanecer a la mañana, y carbón
a la huella del incendio; las nubes perseguirán tu rastro y
las metáforas —todas— te devolverán las palabras
que te adeudan.

ÍNDICE